Wanda Einstein

# Einfache Lapbooks für Erstklässler

Kreative Faltvorlagen und
altersgerechte Auftragskarten
von der Schultüte bis zum ersten Zeugnis

Faltvorlagen veränderbar als
digitales Zusatzmaterial

# GRATIS-DOWNLOADS
## Fächerübergreifend

Sichern Sie sich Vorlagen für den
„Hellblauen Brief", die „Expertenkrone"
und die „Expertenkärtchen"!

Download der Gratis-Materialien unter
## www.auer-verlag.de/07568DK1

In den digitalen Zusatzmaterialien sind Word-Vorlagen enthalten.
Weitere Informationen entnehmen Sie bitte der beigefügten Liesmich.txt.

Gedruckt auf umweltbewusst gefertigtem, chlorfrei gebleichtem und alterungsbeständigem Papier.

1. Auflage 2019
© 2019 Auer Verlag, Augsburg
AAP Lehrerwelt GmbH
Alle Rechte vorbehalten.

Das Werk als Ganzes sowie in seinen Teilen unterliegt dem deutschen Urheberrecht. Der Erwerber des Werks ist berechtigt, das Werk als Ganzes oder in seinen Teilen für den eigenen Gebrauch und den Einsatz im Unterricht zu nutzen. Die Nutzung ist nur für den genannten Zweck gestattet, nicht jedoch für einen weiteren kommerziellen Gebrauch, für die Weiterleitung an Dritte oder für die Veröffentlichung im Internet oder in Intranets. Eine über den genannten Zweck hinausgehende Nutzung bedarf in jedem Fall der vorherigen schriftlichen Zustimmung des Verlags.

Sind Internetadressen in diesem Werk angegeben, wurden diese vom Verlag sorgfältig geprüft. Da wir auf die externen Seiten weder inhaltliche noch gestalterische Einflussmöglichkeiten haben, können wir nicht garantieren, dass die Inhalte zu einem späteren Zeitpunkt noch dieselben sind wie zum Zeitpunkt der Drucklegung. Der Auer Verlag übernimmt deshalb keine Gewähr für die Aktualität und den Inhalt dieser Internetseiten oder solcher, die mit ihnen verlinkt sind, und schließt jegliche Haftung aus.

Umschlagfoto: Shutterstock: 1143328601; Urheber: Ngvozdeva
Covergestaltung: fotosatz griesheim GmbH
Illustrationen: Corina Beurenmeister
Satz: Satzpunkt Ursula Ewert GmbH, Bayreuth
Druck und Bindung: Korrekt Nyomdaipari Kft
ISBN 978-3-403-08326-9

www.auer-verlag.de

# Inhaltsverzeichnis

In den digitalen Zusatzmaterialien sind Word-Vorlagen enthalten. Weitere Informationen entnehmen Sie bitte der beigefügten Liesmich.txt.

### Warum Lapbooks?

- Die Kinder trainieren das selbstständige Arbeiten.
- Lapbooks schulen die Feinmotorik!
- Durch die Vielzahl und Verschiedenheit der Lapbookvorlagen kann differenziert werden.
- Lapbooks machen Spaß und sehen toll aus!
- Jedes Lapbook ist ein individuelles Lernergebnis.
- Lapbooks sind ein motivierendes Hilfsmittel zur Visualisierung wichtiger Inhalte und ein schönes Erinnerungsstück.

### Vorgehen:

Die Schüler wählen selbst die Vorlagen aus, die sie bearbeiten möchten, oder die Lehrkraft trifft eine Auswahl.

Zur Veranschaulichung können vorgebastelte Vorlagen oder ein fertiges Lapbook zur Verfügung gestellt werden.

Die fertigen Lapbooks können im Klassenzimmer ausgelegt werden oder von den einzelnen Schülern präsentiert werden.

### Bewerten:

Bewertet wird das Lapbook anhand fester Kriterien. Diese werden im Vorfeld kommuniziert und besprochen. Verwenden Sie dazu den Bewertungsbogen, auf dem die entsprechenden Kriterien aufgelistet sind. Eine editierbare Version finden Sie bei den Downloadmaterialien.

Der Bewertungsbogen kann auf die Rückseite des Lapbooks geklebt werden.

### Vorlagen:

- Auftragskarte mit Arbeitsauftrag und Faltanleitung
- Faltvorlagen und evtl. Ausschneidebogen (Download)

### Arbeitsmaterial:

- pro Schüler ein Tonkarton (DIN A3)
- Aufbewahrungsmöglichkeit für die fertigen Lapbookvorlagen (Umschlag, Kiste, Prospekthülle)
- persönliche Arbeitsmaterialien: Schere, Klebstoff, Schreibstifte, Buntstifte
- für ausgewählte Lapbookvorlagen zusätzliche Arbeitsmaterialien wie Musterklammern, evtl. Prickelnadeln und ein Heftgerät (Tacker)

Wanda Einstein: Einfache Lapbooks für Erstklässler

Die Arbeitsanweisungen auf den Auftragskarten sind bewusst kurzgehalten und mit vielen Symbolen und Fotos veranschaulicht, damit auch Erstleser damit arbeiten können. Folgende Symbole werden verwendet:

| | | | | | |
|---|---|---|---|---|---|
| ⊗ ankreuzen | ✂ basteln | 💬 erzählen | ◈ falten | heften mit Muster-klammer | heften mit Heftgerät |
| kleben | lochen | malen | messen | ordnen/ aufeinan-derlegen | Partner-arbeit (PA) |
| sammeln | schneiden | schreiben | suchen | zählen | zusammen-rollen |

Da dies zur reibungslosen Umsetzung aber manchmal nicht ausreicht, folgen hier noch ausführliche Anweisungen und Hinweise für die Hand der Lehrkraft.

## Lapbook „Mein erster Schultag"

**Ziele:** Erinnerungsstück mit einfachen Arbeitsaufträgen, erster Überblick über grundlegende Kompetenzen: Feinmotorik (Schneiden, Kleben, Falten, Malen), Schreiben von Buchstaben und Zahlen, Lesen, Erzählen

| Thema | Ausführliche Arbeitsanweisungen | Hinweise |
|---|---|---|
| **Meine Schultüte** (Klappbuch Schultüte) | *Schneide die Schultüte aus und falte sie. Male sie so an, wie deine Schultüte aussah. Schließe das Klappbuch und klebe es mit der Rückseite auf dein Lapbook. Male nun die Dinge an, die du in deiner Schultüte hattest. Schneide sie aus und klebe sie in die Schultüte. Falls du andere Sachen bekommen hast, male sie dazu.* | evtl. Faltvorlage auf DIN A3 vergrößern |
| **Mein 1. Schultag** (Schultaschen-Brief-umschlag) | *Schneide die Vorlage aus und falte sie. Klebe die untere Klappe auf den Seitenflächen fest, sodass ein Umschlag entsteht. Spure die Überschrift bunt nach. Stecke ein Foto von deiner Einschulung in den Umschlag. Klebe die Schultasche mit der Rückseite auf dein Lapbook. Male die Personen, die dich begleitet haben. Erzähle, wie du dich am ersten Schultag gefühlt hast. Berichte, was du gemacht hast.* | HA: Foto und evtl. kleine Erinnerungsstücke der Einschulung mitbringen |
| **Meine Klassenlehrerin** (Ausschneidefigur) | *Schneide den Lehrer/die Lehrerin aus und male sie/ihn an. Falte die Figur und klebe sie mit der Klebefläche auf dein Lapbook. Schreibe meinen Namen auf die Linie.* | evtl. PA |
| **Mein Sitznachbar** (Querklappe) | *Schneide die Vorlage aus. Schneide sie an der dicken Linie ein und falte die Klappen. Schau dir nun deinen Sitznachbarn genau an. Beschreibe, welche Haarfarbe und Augenfarbe er hat. Erzähle, welche Kleidung er trägt. Male dich und deinen Sitznachbarn und euren Tisch an. Schließe die Klappe und klebe sie mit der Rückseite auf dein Lapbook. Schreibt gemeinsam eure Namen auf die Vorderseite.* | PA |
| **Darauf freue ich mich** (Dreiecksblüte) | *Schneide die Vorlage aus, male sie schön an und falte die Klappen. Schließe die Blüte und klebe sie mit der Rückseite auf das Lapbook. Erzähle, was man so alles in der Schule macht. Wähle aus, auf was du dich am meisten freust. Male die Bilder an, schneide sie aus und klebe sie in die Klappen. Erzähle, warum du dich darauf freust.* | |

© Auer Verlag

Methodisch-didaktische Hinweise

 Lapbook „Ich bin ein Schulkind"

**Ziele:** Feinmotorik (Schneiden, Kleben, Falten, Malen), Bewerten & Sortieren, Achtsamkeit im Straßenverkehr, Tagesablauf & Uhrzeit, erstes Schreiben & Lesen, Erzählen

| Thema | Ausführliche Arbeitsanweisungen | Hinweise |
|---|---|---|
| **Mein Schulranzen** (Sammelmappe Schulranzen) | *Schneide die Sammelmappe aus und male sie wie deine Schultasche an.* *Falte sie und klebe sie an den Klebestreifen auf dein Lapbook.* *Entscheide, welche Dinge in einen Schulranzen gehören. Male die Bilder an, schneide sie aus und sammle sie in der Sammelmappe.* | |
| **Mein Schulweg** (Kartenrolle Schulweg) | *Schneide Karte und Streifen aus. Klebe den Streifen so auf dein Lapbook, dass du die zusammengerollte Karte dort einschieben kannst.* *Denke an deinen Schulweg.* *Kreuze an, ob du zu Fuß, mit dem Bus oder Auto in die Schule kommst.* *Male besondere Häuser, Kirchen oder Plätze ein.* *Schreibe auf, an wie vielen Ampeln, Kreuzungen, Kreisverkehren und Zebrastreifen du vorbeikommst. (Oder: Markiere die Stellen auf der Karte rot, an denen du besonders aufpassen musst, z. B. an einer Ampel usw.)* | Alternativ zur KV evtl. stark vereinfachten Stadtplan vorbereiten |
| **Mein Schultag** (Sechseck-Leporello) | *Schneide die Vorlagen aus und klebe die beiden Teile mit der schmalen Klebefläche zusammen.* *Falte die Sechsecke wie eine Ziehharmonika abwechselnd.* *Klebe das Leporello an der Klebefläche auf dein Lapbook.* *Schneide die Bilder aus und suche dir 10 Stück aus, die du regelmäßig machst. Bring sie in die richtige Reihenfolge und klebe sie auf das Leporello.* *Schreibe die Uhrzeiten dazu.* | |
| **Meine Fächer** (Klappkärtchen) | *Schneide die Vorlagen aus und falte sie an der gestrichelten Linie.* *Schließe die Klappkärtchen und klebe sie mit der Rückseite auf dein Lapbook.* *Schneide die Bilder aus und male sie an.* *Ordne die Bilder zu den richtigen Fächern und klebe sie auf die Innenseite.* *Kannst du schon den Namen der Lehrkraft aufschreiben, die das Fach unterrichtet?* | evtl. PA |
| **Meine Schul-freunde** (Kinder-Girlande) | *Falte die Vorlage an den gestrichelten Linien so, dass du noch ein Kind sehen kannst. Dann schneide die Kinder aus.* *Klebe das mittlere Kind mit der Rückseite auf dein Lapbook.* *Male in die Mitte dich und rechts und links deine Freunde.* *Schreibe eure Namen auf die Linien. Vielleicht hilft dir dabei jemand.* *Erzähle, was du am liebsten mit deinen Freunden machst. Male oder schreibe es auf die Rückseite der Freunde.* | evtl. PA |

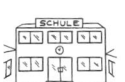 Lapbook „Unsere Schule"

**Ziele:** Orientierung im Raum (Schulgebäude und -gelände, evtl. Teil einer Schulhausralley), Feinmotorik (Schneiden, Kleben, Malen), Schreiben & Lesen, Erzählen, Ordnen & Sortieren

| Thema | Ausführliche Arbeitsanweisungen | Hinweise |
|---|---|---|
| **Der Name unserer Schule** (Einstecktasche) | *Schneide die Vorlage aus.* *Falte sie an den gestrichelten Linien.* *Klebe die Vorderseite mit den Klebeflächen an der Rückseite fest, sodass eine Tasche entsteht, die oben offen ist.* *Klebe die Tasche mit der Rückseite auf dein Lapbook.* *Beantworte die Fragen und schreibe die Antworten auf.* *Schneide die Karten aus und stecke die Karten in die Tasche.* | evtl. Foto oder Bild des Namensgebers als Vorlage |
| **Unser Schulhaus** (Register) | *Schneide alle Registerkarten aus.* *Lege die Karten in der richtigen Reihenfolge aufeinander.* *Hefte sie an den dicken schwarzen Linien zusammen.* *Klebe das Registerbuch mit der Rückseite der letzten Karte auf dein Lapbook.* *Finde heraus, wo die Räume in unserem Schulhaus sind.* *Notiere auf der jeweiligen Registerkarte, wo sich der Raum genau befindet (entweder durch schriftliche Angabe von Stockwerk, Raumnummer o. Ä. oder durch Markieren des Raumes auf einem kleinen Plan auf der Registerkarte).* *Berichte, was du herausgefunden hast.* | evtl. Übersichtsplan der Schule für jede Register-karte kopieren, Heftgerät mit Heftklammern; evtl. die Schüler im Schulhaus in Zweier- oder Dreierteams auf die Suche gehen lassen |

Wanda Einstein: Einfache Lapbooks für Erstklässler

| Thema | Ausführliche Arbeitsanweisungen | Hinweise |
|---|---|---|
| **Unser Schul-gelände** (Klappbuch Schule) | *Schneide die Vorlage aus und falte sie an der gestrichelten Linie.*<br>*Klebe das Klappbuch mit der Klebefläche auf dein Lapbook.*<br>*Schneide die Namen aus und wähle aus, was es an unserer Schule gibt.*<br>*Klappe das Klappbuch auf und überlege, wie unser Schulgelände aussieht.*<br>*Klebe das Schulhaus auf und ordne drumherum die Namen so an, wie sie auf unserem Schulgelände zu finden sind.*<br>*Male die Plätze, Gegenstände und Gebäude auf und klebe die Nomen dazu.* | |
| **Unsere Klasse** (Viererklappe mit Guckloch) | *Schneide die Vorlage aus und an den dicken schwarzen Linien vorsichtig ein.*<br>*Falte die Klappen an den gestrichelten Linien zu.*<br>*Schreibe außen bunt die Überschrift „Meine Klasse" auf und in den Rahmen im Guck-loch deinen Klassennamen, z. B. 1b.*<br>*Klebe das Gucklochbuch mit der Rückseite auf dein Lapbook.*<br>*Beantworte die Fragen auf den Innenseiten der Klappen:*<br>• *Wo ist unsere Klasse? Schreibe den Raum (und evtl. das Stockwerk, usw.) auf.*<br>• *Wie viele Schüler sind wir? Notiere die Anzahl im Kästchen.*<br>• *Was gibt es in der Klasse? Zähle ein paar Dinge auf wie Tafel, Bücher-regale, Leseecke, …*<br>• *Wo bist du am liebsten in der Klasse? In der Leseecke? An deinem Platz? An der Tafel? Schreibe auf.*<br>*Male unsere Sitzordnung auf. Beginne bei der Tafel oben. Wo sind unsere Fenster? Wo steht das Pult? Wie sind die Tische angeordnet? Markiere in deiner Lieblingsfarbe deinen Sitzplatz.* | |
| **Unsere Klassendienste** (Streichholzbrief mit fünf Klappen) | *Schneide die Vorlage aus und die Klappen an den dicken schwarzen Linien ein.*<br>*Falte die kleinen Klappen nach hinten und die große Klappe über die kleinen Klappen.*<br>*Klebe den Streichholzbrief mit der Klebefläche auf das Lapbook.*<br>*Schneide die Bilder mit den Diensten aus. (Die Namen der Dienste sind als Lösungs-hilfen auf der Faltvorlage angegeben.) Wähle die Dienste, die wir haben, aus und klebe sie außen (s. Hinweis) auf die Klappen.*<br>*Schreibe die Namen der Dienste auf die Innenseite der Klappen (s. Hinweis).* | Bei mehr als 5 Diensten können weitere Dienste auch auf die Rückseiten der Klappen geklebt und der jeweilige Name daruntergeschrieben werden. |

## Lapbook „Unsere Regeln"

**Ziele:** Gemeinsam Regeln für ein gutes Miteinander erstellen und anschaulich festhalten, Feinmotorik (Schneiden, Kleben, Malen), Ordnen & Sortieren, Schreiben & Lesen, Diskutieren

| Thema | Ausführliche Arbeitsanweisungen | Hinweise |
|---|---|---|
| **Miteinander sprechen** (Fächer Mund) | *Schneide die Münder aus und lege sie aufeinander.*<br>*Stich durch alle Vorlagen ein Loch.*<br>*Hefte die Münder mit der Musterklammer zu einem Fächer zusammen.*<br>*Klebe den letzten Mund mit der Rückseite auf dein Lapbook.*<br>*In den Mündern unten sind Wörter. Ordne sie zu den Regeln.*<br>*Schreibe dann die Wörter zu den passenden Bildern.* | 1 Musterklammer pro Kind; evtl. mehrere Prickel-nadeln |
| **Miteinander arbeiten** (Ministifte) | *Schneide die Stifte aus.*<br>*Falte sie an der gestrichelten Linie.*<br>*Klebe sie mit der Klebefläche auf dein Lapbook.*<br>*Lies die Regeln. Male passende Bilder auf die Innenseite der Stifte.* | |
| **Miteinander umgehen** (Sechsfachklappe) | *Schneide die Vorlagen alle aus.*<br>*Falte die Klappen an der gestrichelten Linie.*<br>*Klebe sie mit der Klebefläche auf die Klebeflächen mit der entsprechenden Nummer.*<br>*Klebe die Sechsfachklappe mit der Rückseite auf dein Lapbook.*<br>*Arbeitet zu zweit. Überlegt, wann wir aufeinander Rücksicht nehmen sollten und wie wir das tun können. Die Bilder helfen euch vielleicht.*<br>*Ordne dann die Regeln den Bildern zu und klebe sie innen auf.* | PA |

© Auer Verlag

## Methodisch–didaktische Hinweise

| Thema | Ausführliche Arbeitsanweisungen | Hinweise |
|---|---|---|
| **Miteinander Ordnung halten** (Stufenbuch) | *Schneide die Vorlagen aus.* *Lege die Seiten so aufeinander, dass unten die größte Seite mit der Nummer 5 liegt und darauf alle anderen bis zur kleinsten Seite mit der Überschrift.* *Hefte die Seiten mit einem Heftgerät oben an den Linien zusammen.* *Klebe das Stufenbuch mit der Rückseite der letzten Seite auf dein Lapbook.* *Schneide die Bilder aus, ordne sie den Regeln zu und klebe sie auf die entsprechende Seite.* *Überlege, ob es noch andere Möglichkeiten gibt, Ordnung zu halten, und erzähle.* | Heftgerät |
| **Miteinander in der Pause** (Sternenblume mit 8 Zacken) | *Schneide die Vorlage aus.* *Drehe den Stern um und falte die Zacken an den gestrichelten Linien, sodass die Bilder oben sind.* *Schreibe innen in die Mitte „Miteinander in der Pause".* *Klebe die Sternenblume mit der Klebefläche auf dein Lapbook.* *Schaut euch zu zweit die Bilder an. Überlegt, wie ihr das findet, was die Kinder machen. Sprecht darüber. Überlegt, was sie anders machen können.* *Schneide die Bilder mit den Regeln aus und ordne sie zu den Bildern auf den Zacken.* *Klebe die Bilder und die Regeln so auf die Innenseite, dass die Faltlinien aufeinanderliegen.* | PA |

## Lapbook „Von Buchstaben und Zahlen"

**Ziele:** Schreiben von Buchstaben & Zahlen, Berücksichtigung von Vokalen, Buchstabe-Laut-Verbindung, Zahl-Menge-Zuordnung, Zählen & Messen, Feinmotorik

| Thema | Ausführliche Arbeitsanweisungen | Hinweise |
|---|---|---|
| **Die Buchstaben meines Namens** (Daumenkino) | *Schneide die Kärtchen aus und gestalte das Deckblatt.* *Wie viele Buchstaben hat dein Name? Nimm dir genau so viele leere Kärtchen und schreibe auf jedes Kärtchen einen Buchstaben. Gestalte ihn schön.* *Schreibe auf das letzte Kärtchen deinen ganzen Namen.* *Lege die Kärtchen nun aufeinander. Beginne mit dem ganzen Namen, dann folgen die Buchstaben deines Namens. Beginne beim letzten Buchstaben und lege ihn auf das Schlusskärtchen, dann folgt der vorletzte Buchstabe usw. Zuoberst liegt der erste Buchstabe deines Namens. Auf diesen legst du das Deckblatt.* *Hefte nun die Kärtchen an den Linien zu einem Buch zusammen und klebe es mit der Rückseite der letzten Seite auf dein Lapbook.* | Heftgerät mit Heftklammern |
| **Die Vokale** (Drehscheibe) | *Schneide die Kreise aus und lege den kleinen auf den großen.* *Stich vorsichtig ein Loch in die Mitte.* *Hefte die Kreise dort mit der Musterklammer zusammen.* *Klebe den großen Kreis mit der Rückseite auf dein Lapbook.* *Überlege dir nun zu jedem Vokal zwei Wörter (z.B. ein Tier, einen Namen, ein Ding), die mit dem Vokal beginnen, und schreibe sie auf die Linien.* | 1 Musterklammer pro Kind; evtl. mehrere Prickelnadeln |
| **Das Abc** (Schmetterlings-Flip-Flap) | *Schneide die Vorlage aus und falte die Klappen an der gestrichelten Linie so, dass du die Buchstaben lesen kannst* *Schneide die Klappen an den dicken Linien ein.* *Male die Buchstaben an: Vokale in (z.B. rot), Konsonanten in (z.B. blau).* *Klebe das Schmetterlings-Flip-Flap mit der Klebefläche auf das Lapbook.* *Schneide die Bilder aus. Überlege: Mit welchem Buchstaben beginnen die Bilder? Ordne die Bilder den Buchstaben zu und klebe sie immer auf die Rückseite der jeweiligen Klappe.* | evtl. die Bilder der eigenen Anlauttabelle entsprechend kopieren |
| **Die Zahlen von 0 bis 9** (Buch) | *Schneide die Vorlagen aus.* *Falte sie an der mittleren gestrichelten Linie und klebe die leeren Rückseiten aneinander.* *Sortiere die Vorlagen: Lege die erste Seite so hin, dass du die Zahlen 0 und 9 siehst. Darauf legst du die nächste Seite mit den Zahlen 2 und 7 oben und darauf wiederum die letzte Seite so, dass du die Zahlen 4 und 5 siehst.* *Hefte die Seiten in der Mitte an den Linien zusammen.* *Klebe das Buch mit der Klebefläche auf dein Lapbook.* *Spure die Zahlen in vielen bunten Farben nach.* *Schreibe in das Kästchen darunter die Zahl als Wort.* | Heftgerät mit Heftklammern |

Wanda Einstein: Einfache Lapbooks für Erstklässler

| Thema | Ausführliche Arbeitsanweisungen | Hinweise |
|---|---|---|
| **Zahlen und Mengen** (Zahlen-Ziehharmonikas) | *Schneide die Vorlagen aus und falte jede wie eine Ziehharmonika, sodass du die Zahl oben richtig lesen kannst.*<br>*Klebe die Ziehharmonikas mit der Klebefläche auf dein Lapbook.*<br>*Schneide die Bilder aus, ordne sie den Zahlen zu und klebe sie auf.*<br>*Schreibe in das letzte Feld die richtige Anzahl an Strichen wie bei einer Strichliste.*<br>*Male die Zahlen bunt an.* | |
| **Ich in Zahlen** (Pop-up) | *Schneide die Vorlagen aus.*<br>*Klebe ein Foto von dir auf die Titelseite oder male dich dort an und klebe sie auf die Vorderseite der Vorlage.*<br>*Falte das Pop-up an der gestrichelten Linie der Klebelaschen.*<br>*Klebe die Klebelaschen auf die Klebeflächen innen in der Vorlage.*<br>*Klebe das Pop-up mit der Unterseite auf dein Lapbook.*<br>*Zähle, wie viele Augen, Ohren, Finger, Zehen und Zähne du hast. (Schulanfänger haben i. d. R. 24 Zähne minus der noch nicht ersetzten Milchzähne.) Miss, wie groß und schwer du bist. Schreibe dein Alter, deine Schuhgröße und andere Zahlen zu dir (z. B. wie viele Buchstaben dein Name hat) in die Kästchen.* | HA: Klebefoto mitbringen |

## Lapbook „Mein erstes Zeugnis"

**Ziele:** erste Reflexion des eigenen Lernens, erstes Zielsetzen für Lernfortschritte, Schreiben & Lesen, Feinmotorik

| Thema | Ausführliche Arbeitsanweisungen | Hinweise |
|---|---|---|
| **Darin bin ich gut** (Flügelklappe) | *Schneide die Vorlage aus.*<br>*Falte die Klappen an den gestrichelten Linien.*<br>*Klebe die mittlere Klappe mit der Rückseite auf dein Lapbook.*<br>*Überlege dir drei Sachen (Themen, Fächer), in denen du dieses Jahr besonders gut warst.*<br>*Schreibe oder male sie wie bei einem Siegerpodest (Mitte Platz 1, links Platz 2, rechts Platz 3) in die Vorlage.* | |
| **Daran muss ich noch arbeiten** (Streichholzbriefe) | *Schneide die Vorlagen aus.*<br>*Falte die Klappen und lege die kleinere über die größere Klappe.*<br>*Überlege dir, welche Themen dir noch nicht so gut gelingen. Schreibe diese Themen auf die kleinen Klappen.*<br>*Schreibe oder male auf die großen Klappen in den Rahmen ein Beispiel oder, warum das so sein könnte.*<br>*Klebe die Streichholzbriefe mit der Klebefläche auf dein Lapbook.*<br>*Arbeitet nun zu zweit. Besprecht euch, was ihr tun könnt, um euch in diesen Themen zu verbessern. Schreibe oder male dies auf die Innenseiten.* | PA |
| **Das macht mir Spaß** (Faltblume) | *Schneide die Vorlage aus.*<br>*Falte die Blüten an den gestrichelten Linien nach innen.*<br>*Überlege dir sechs Sachen, die dir in der Schule Spaß machen: Fächer, Themen, Pausenbeschäftigungen, Aktionen. Schreibe oder male sie in die Blüten.*<br>*Gestalte die Vorderseite schön.*<br>*Schließe die Blüten der Reihe nach. Schiebe am Ende die vorletzte Blüte unter die erste und die letzte unter die zweite – dann bleibt die Blume geschlossen.*<br>*Klebe die Blume mit der Rückseite auf dein Lapbook.* | |
| **Das war mein schönstes Erlebnis** (Faltherz) | *Schneide die Vorlage aus.*<br>*Falte die seitlichen Herzen in der Mitte an der gepunkteten Linie nach innen (vorne) und öffne die Blume wieder.*<br>*Falte die Herzen an den gestrichelten Linien nach hinten (außen) und öffne sie wieder.*<br>*Greife die seitlichen Herzen mit Daumen und Zeigefinger in der Mitte und schiebe sie zusammen, sodass die Nummern 1 und 2 aufeinanderliegen – so schließt sich das Herz.*<br>*Klebe das Herz an der Klebefläche auf dein Lapbook.*<br>*Überlege dir, was dieses Jahr besonders schön für dich war: Hattest du einen besonderen Erfolg? Woran erinnerst du dich gerne? Schreibe und male es in das Herz.* | |

© Auer Verlag

# Bewertungsbogen für dein Lapbook

Name: _____  Klasse: _____

Thema: _____

| **Arbeitsweise** | | | | | |
|---|---|---|---|---|---|
| Du hast selbstständig und konzentriert gearbeitet. | 0 | 1 | 2 | | |
| **Inhalt** | | | | | |
| Du hast die vorgegebenen Elemente bearbeitet und eingeklebt. | 0 | 1 | 2 | 3 | 4 |
| Du hast inhaltlich richtig gearbeitet. | 0 | 1 | 2 | 3 | |
| Du hast eigene Ideen eingebracht. | 0 | 1 | 2 | | |
| **Gestaltung** | | | | | |
| Du hast ordentlich ausgeschnitten und geklebt. | 0 | 1 | 2 | | |
| Du hast ordentlich geschrieben und gemalt. | 0 | 1 | 2 | | |
| Deine Minibücher sind übersichtlich angeordnet. | 0 | 1 | 2 | | |
| Dein Deckblatt ist schön und passend gestaltet. | 0 | 1 | | | |

**Gesamtbewertung:** _____ /18 Punkte

Das ist dir besonders gut gelungen

_____

_____

_____

_____

Wanda Einstein: Einfache Lapbooks für Erstklässler

# Meine Schultüte

**Was war in deiner Schultüte?**

**1.**  **Bastle das Klappbuch.**

 **Du brauchst:**

Vorlage „Klappbuch Schultüte"

 **So geht's:**

1 Schultüte ausschneiden ————.

2 Schultüte falten ---------.

3 Geschenke ausschneiden ———— und auswählen.

4 Geschenke anmalen und aufkleben.

5 Klappbuch mit der Rückseite auf das Lapbook kleben.

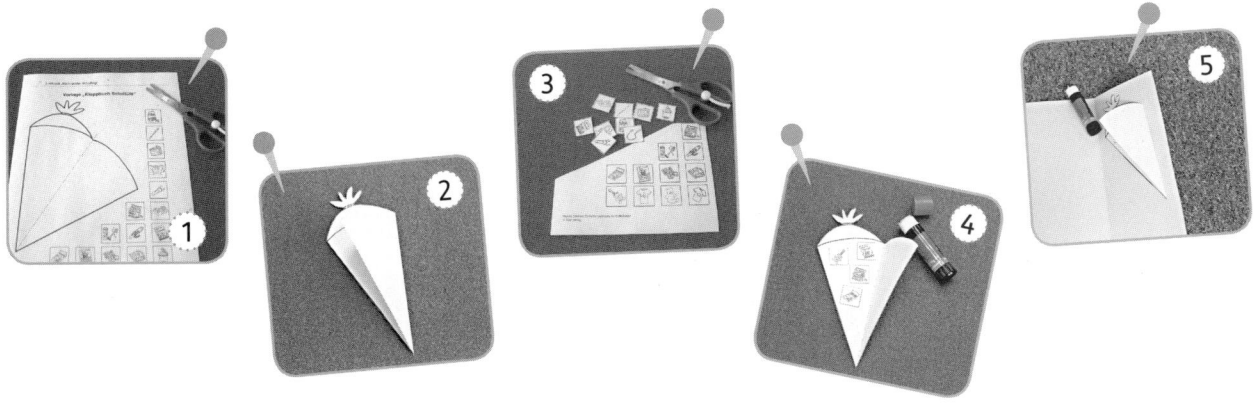

**2.**  **Wie sah deine Schultüte aus? Male an.**

Wanda Einstein: Einfache Lapbooks für Erstklässler
© Auer Verlag

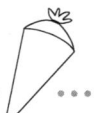

# Mein 1. Schultag

## Wie war dein erster Schultag?

**1.** **Bastle den Umschlag.**

**Du brauchst:**

Vorlage „Briefumschlag Schultasche“
Foto

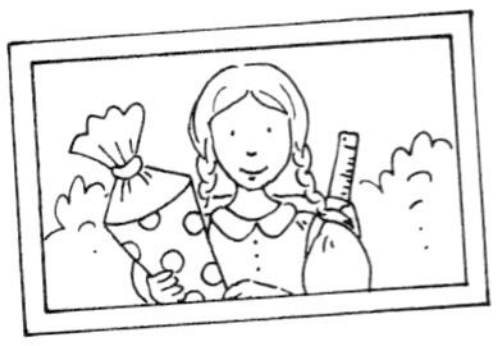

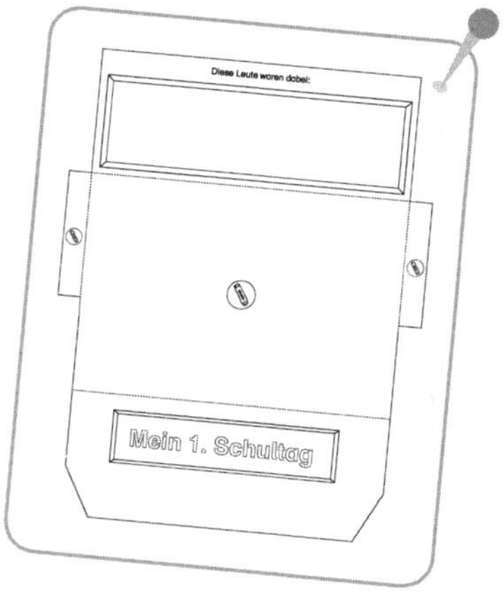


**So geht’s:**

1 Vorlage ausschneiden ———.

2 Vorlage falten ----------.

3 Untere Klappe an den Seiten festkleben.

4 Foto in den Briefumschlag stecken.

5 Umschlag mit der Rückseite auf das Lapbook kleben.

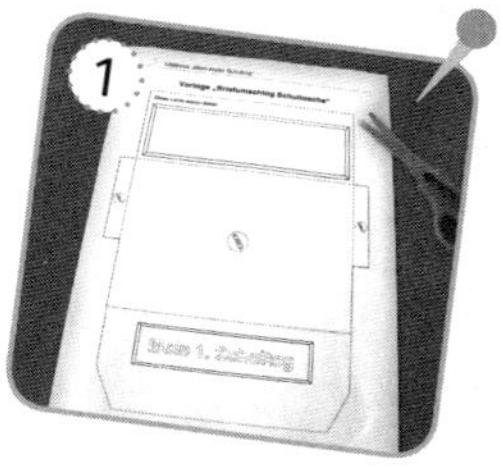


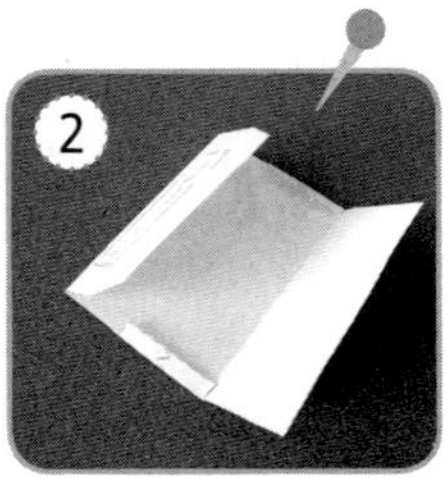


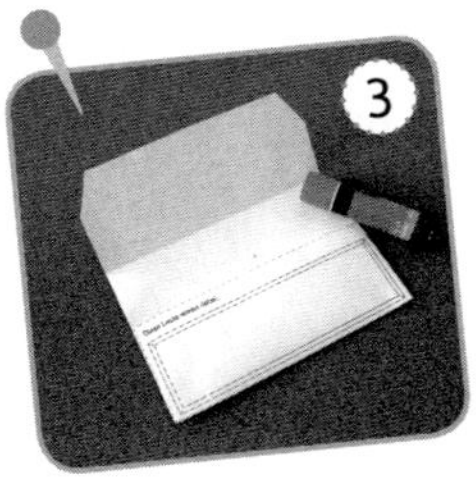


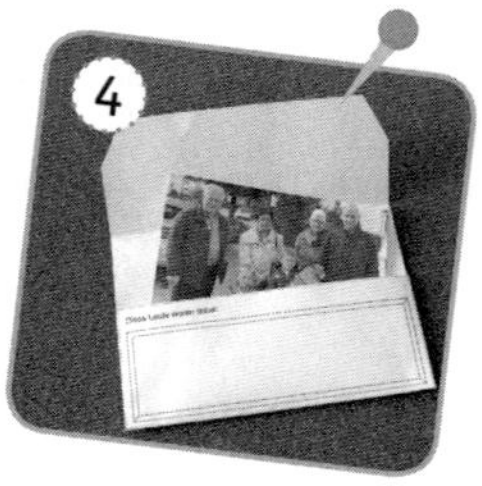


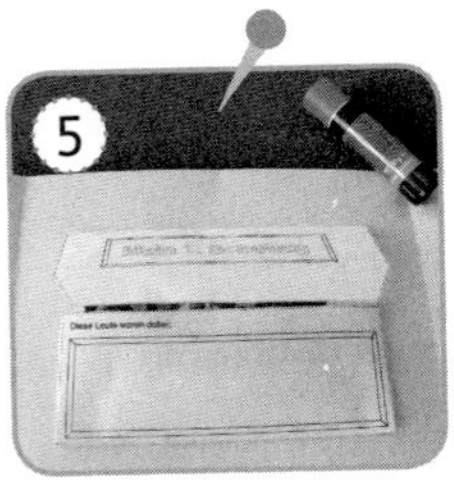


**2.** **Wer war dabei? Male auf.**

**3.** **Was war besonders schön? Erzähle.**

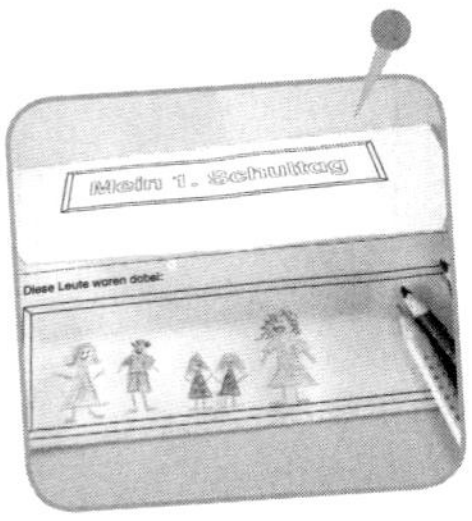


Wanda Einstein: Einfache Lapbooks für Erstklässler
© Auer Verlag

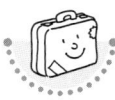

# Meine Klassenlehrerin

**Wer ist deine Klassenlehrerin?**

**1.**  **Bastle die Figur.**

 **Du brauchst:**

Vorlage „Ausschneidefigur"

 **So geht's:**

1 Vorlage ausschneiden ———.

2 Figur anmalen.

3 Vorlage falten ----------.

4 Figur mit der Klebefläche auf das Lapbook kleben.

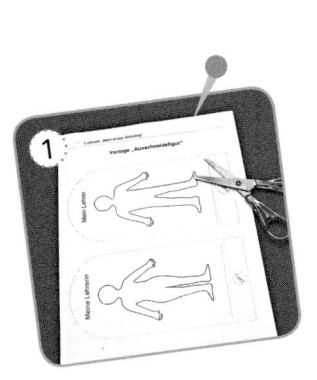 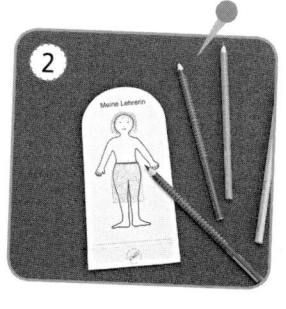  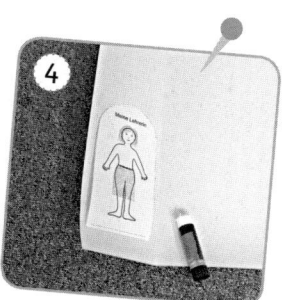

**2.**  **Wie heißt sie? Schreibe auf.**

Wanda Einstein: Einfache Lapbooks für Erstklässler
© Auer Verlag

# Mein Sitznachbar

## Wer sitzt neben dir?

**1.**  **Bastle die Querklappe.**

 **Du brauchst:**

Vorlage „Querklappe"

 **So geht's:**

1 Vorlage ausschneiden ———.

2 Dicke Linie einschneiden ——

3 Klappen falten --------.

4 Kinder und Tisch anmalen.

5 Querklappe mit der Rückseite auf das Lapbook kleben.

**2.**   **Wie heißt ihr? Schreibt auf.**

Wanda Einstein: Einfache Lapbooks für Erstklässler
© Auer Verlag

# Darauf freue ich mich

**Worauf freust du dich am meisten?**

**1.**  **Bastle die Dreiecksblüte.**

 **Du brauchst:**

Vorlage „Dreiecksblüte"

 **So geht's:**

1 Vorlage ausschneiden ——— .

2 Außenseite schön gestalten.

3 Klappen falten --------- .

4 Dreiecksblüte mit der Rückseite auf das Lapbook kleben.

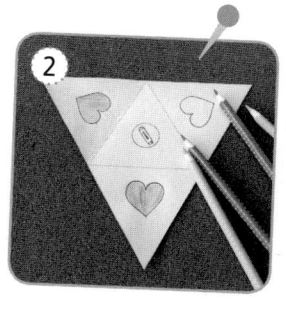
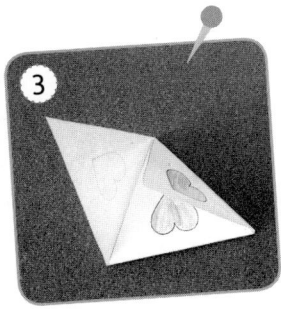
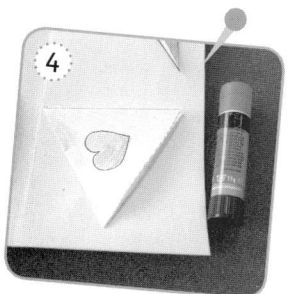

**2.**    **Worauf freust du dich? Wähle und schneide aus, male an und klebe auf.**

**3.**   **Warum freust du dich darauf? Erzähle.**

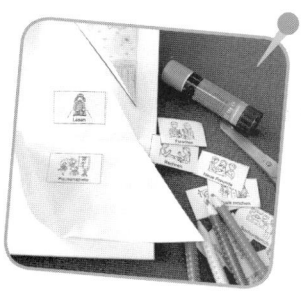

© Auer Verlag

# Mein Schulranzen

## Was ist in deinem Schulranzen?

**1.**  **Bastle die Sammelmappe.**

 **Du brauchst:**

Vorlage „Sammelmappe Schulranzen"
Vorlage „Ausschneidebogen Schulsachen"

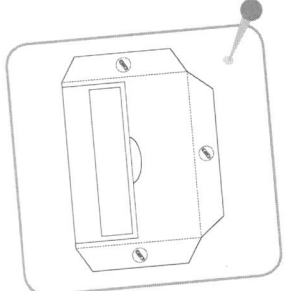

 **So geht's:**

1 ✂ Sammelmappe ausschneiden ——— .

2 ✏ Sammelmappe anmalen.

3 ◩ Sammelmappe falten ---------- .

4  Sammelmappe mit den Klebeflächen auf das Lapbook kleben.

**2.**   **Was gehört in die Schultasche?**
**Wähle aus und male an.**

**3.**   **Schneide die Schulsachen aus.**
**Sammle sie in der Mappe.**

Wanda Einstein: Einfache Lapbooks für Erstklässler

# Mein Schulweg

## Wie ist dein Schulweg?

**1.**  **Bastle die Kartenrolle.**

 **Du brauchst:**

Vorlage „Kartenrolle Schulweg"

 **So geht's:**

1  Karte und Streifen ausschneiden ——— .

2   Streifen falten ---------- und mit den Klebeflächen auf das Lapbook kleben.

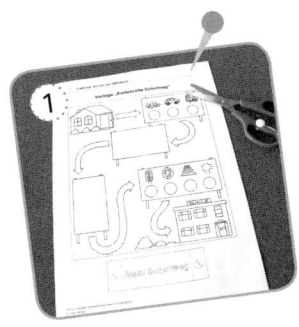

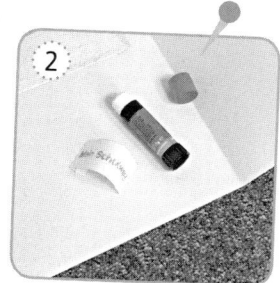

**2.**  **Wie kommst du in die Schule? Kreuze an.**

**3.**  **Was siehst du auf dem Weg? Male auf.**

**4.**   **Wo musst du gut aufpassen? Zähle und schreibe auf.**

**5.** 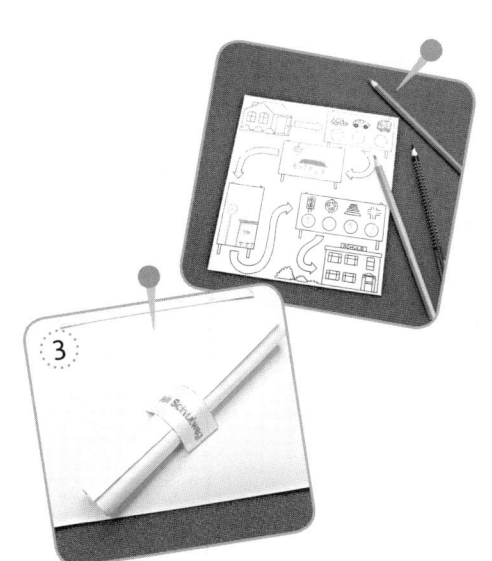 **Rolle die Karte zusammen und schiebe sie unter den Streifen.**

© Auer Verlag

# Mein Schultag

**Wie ist dein Schultag?**

**1.**  **Bastle das Leporello.**

 **Du brauchst:**

Vorlage „Sechseck-Leporello"

 **So geht's:**

1 ✂ Vorlagen ausschneiden ——— .

2 Teile an der Klebefläche (KLEBEN) zusammenkleben.

3 Sechsecke abwechselnd falten 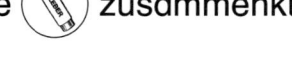 .

4 Leporello mit der Klebefläche (KLEBEN) auf das Lapbook kleben.

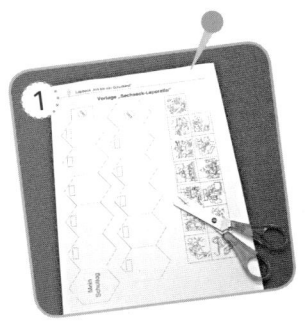

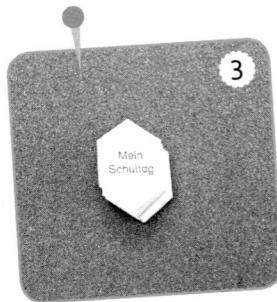

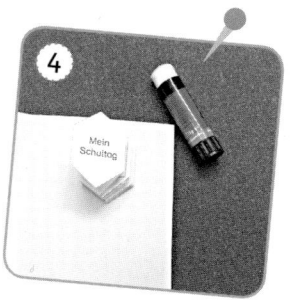

**2.**  **Was machst du an einem Schultag? Schneide aus.**

**3.**  **Wann machst du was? Ordne, klebe 10 Bilder auf und schreibe auf.**

Wanda Einstein: Einfache Lapbooks für Erstklässler

# Meine Fächer

## Welche Fächer hast du?

**1.**  **Bastle die Klappkärtchen.**

 **Du brauchst:**

Vorlage „Klappkärtchen"

 **So geht's:**

1 Vorlagen ausschneiden ———.

2 Vorlagen falten ----------.

3  Klappkärtchen mit der Klebefläche auf das Lapbook kleben.

**2.**    **Was lernst du in den Fächern? Schneide aus, ordne und klebe auf.**

**3.**   **Wer ist die Lehrkraft? Schreibe auf.**

© Auer Verlag

# Meine Schulfreunde

## Wer sind deine Freunde?

**1.**  **Bastle die Girlande.**

 **Du brauchst:**

Vorlage „Kinder-Girlande"

**So geht's:**

1 Vorlage falten ----------.

2 Kinder ausschneiden ———.

3 Rückseite des mittleren Kindes auf das Lapbook kleben.

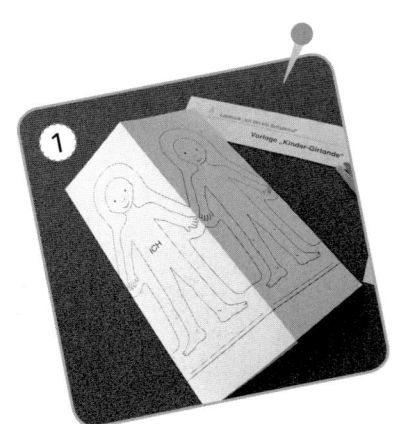

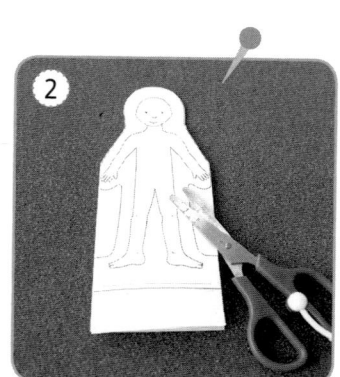

**2.**  **Wie seht ihr aus? Male an.**

**3.** **Wie heißt ihr? Schreibe auf.**

**4.** **Was machst du am liebsten mit ihnen? Erzähle und male oder schreibe.**

Wanda Einstein: Einfache Lapbooks für Erstklässler

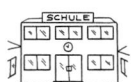

# Der Name unserer Schule

**Unsere Schule hat einen Namen – wie du.**

**1.**  **Bastle die Tasche.**

 **Du brauchst:**

Vorlage „Einstecktasche"

 **So geht's:**

1  Vorlage ausschneiden ———.

2  Vorlage falten ---------.

3  Vorlage an Klebeflächen zusammenkleben.

4  Tasche mit der Klebefläche auf das Lapbook kleben.

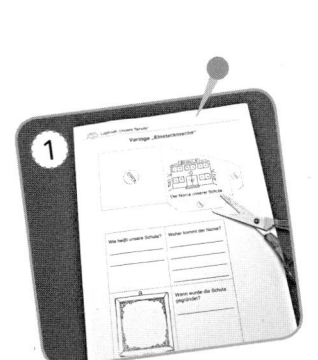   

**2.**   **Wie heißt unsere Schule? Beantworte die Fragen. Schreibe und male auf.**

**3.**   **Schneide die Karten aus. Sammle sie in der Tasche.**

© Auer Verlag

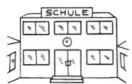 

# Unser Schulhaus

## In unserem Schulhaus gibt es viele Räume.

**1.**  **Bastle das Register.**

 **Du brauchst:**

Vorlage „Register"
Heftgerät mit Heftklammern

 **So geht's:**

1 Alle Karten ausschneiden ——.

2 Karten richtig aufeinanderlegen.

3 Karten an den dicken Linien zusammenheften ——.

4 Rückseite der letzten Karte auf das Lapbook kleben.

**2.**   **Wo ist welcher Raum?**
**Suche, schreibe oder male.**

**3.**  **Was hast du entdeckt? Erzähle.**

Wanda Einstein: Einfache Lapbooks für Erstklässler
© Auer Verlag

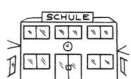

# Unser Schulgelände

## An unserer Schule kann man viel machen.

**1.**  **Bastle das Klappbuch.**

 **Du brauchst:**

Vorlage „Klappbuch Schule"

 **So geht's:**

1  Vorlage ausschneiden ———.

2  Vorlage falten ----------.

3 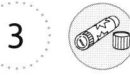 Klappbuch mit der Klebefläche  auf das Lapbook kleben.

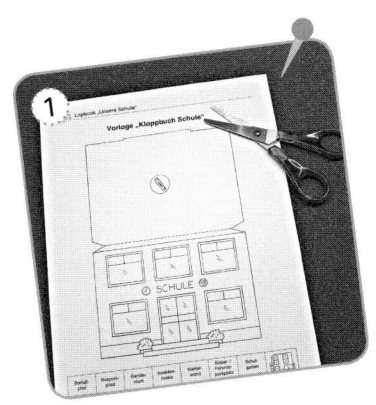
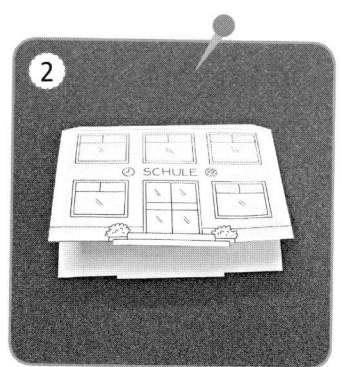
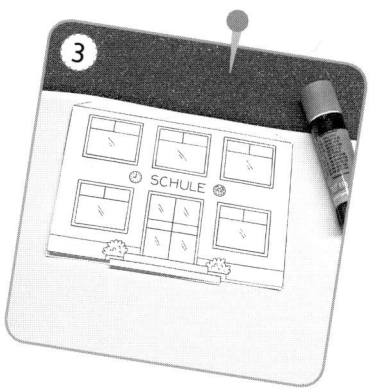

**2.**   **Was gibt es alles an unserer Schule? Schneide aus und klebe das Schulhaus innen auf.**

**3.**    **Wie sieht unser Schulgelände aus? Ordne die Namen um das Schulhaus an, klebe auf und male.**

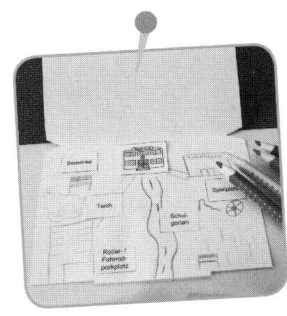

© Auer Verlag

# Unsere Klasse

**In welcher Klasse bist du?**

**1.**  **Bastle die Viererklappe.**

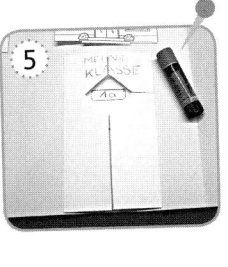

 **Du brauchst:**

Vorlage „Viererklappe mit Guckloch"

**So geht's:**

1 ✂ Vorlage ausschneiden ——.

2 ✂ Dicke schwarze Linien einschneiden ——.

3 ◩ Klappen falten ----------.

4 ✏ Außen bunt „Meine Klasse" und ins Guckloch Klassenname schreiben.

5 🖌 Viererklappe mit der Rückseite auf das Lapbook kleben.

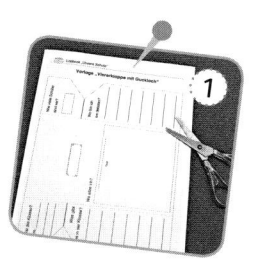    

**2.**    **Bechreibe unser Klassenzimmer. Beantworte die Fragen. Schreibe, zähle und male.**

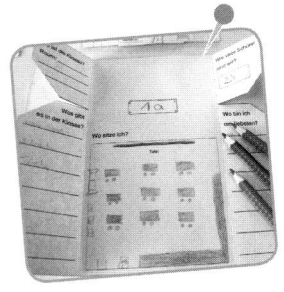

Wanda Einstein: Einfache Lapbooks für Erstklässler

# Unsere Klassendienste

**Wenn jeder eine Aufgabe übernimmt, können wir besser arbeiten.**

**1.**  **Bastle den Streichholzbrief.**

 **Du brauchst:**

Vorlage „Streichholzbrief mit fünf Klappen"

 **So geht's:**

1  Vorlage ausschneiden ———— .

2  Dicke schwarze Linien einschneiden ——— .

3  Kleine Klappen falten --------- und große Klappe darüber falten.

4  Streichholzbrief mit der Klebefläche  auf das Lapbook kleben.

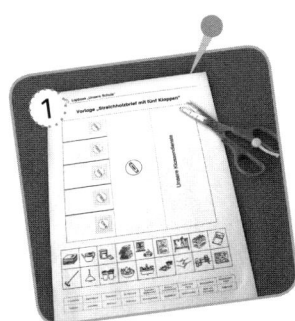 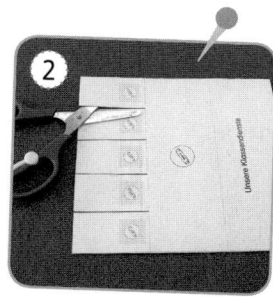 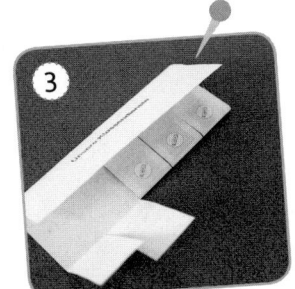 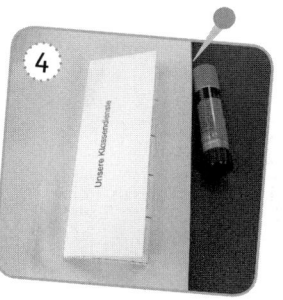

**2.**   **Welche Dienste gibt es in unserer Klasse?**
  **Wähle und schneide aus, klebe und schreibe auf.**

Wanda Einstein: Einfache Lapbooks für Erstklässler
© Auer Verlag

# Miteinander sprechen

**In der Klasse wollen alle viel erzählen.**
**Aber es können nicht alle auf einmal sprechen.**

**1.**  **Bastle den Fächer.**

 **Du brauchst:**

Vorlage „Fächer Mund"
1 Musterklammer

**So geht's:**

1 Münder ausschneiden ——— .

2 Münder aufeinanderlegen.

3 Loch ⬤ durch alle Vorlagen stechen.

4 Münder mit Musterklammer zusammenheften.

5 Hintersten Mund mit der Rückseite auf das Lapbook kleben.

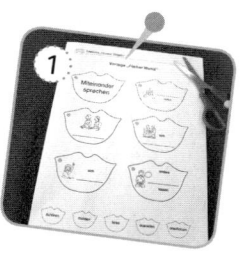 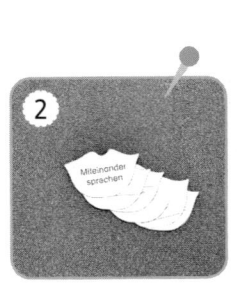 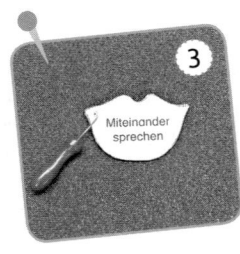  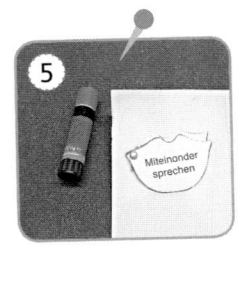

**2.**  **Welche Regeln brauchen wir dafür?**
**Ordne die Wörtern zu und schreibe sie auf.**

Wanda Einstein: Einfache Lapbooks für Erstklässler
© Auer Verlag

# Miteinander arbeiten

## In der Klasse muss man oft zusammenarbeiten.

**1.**  **Bastle die Ministifte.**

 **Du brauchst:**

Vorlage „Ministifte"

 **So geht's:**

1  Stifte ausschneiden ———— .

2 Stifte falten --------- .

3 Stifte mit der Klebefläche  auf das Lapbook kleben.

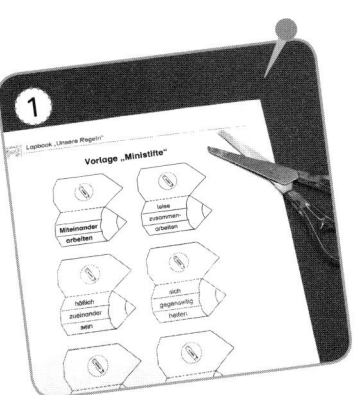

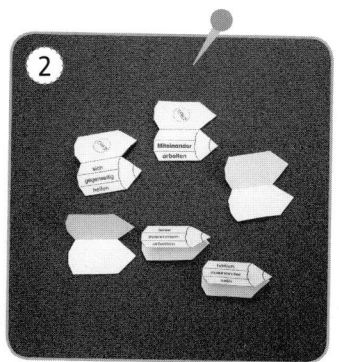

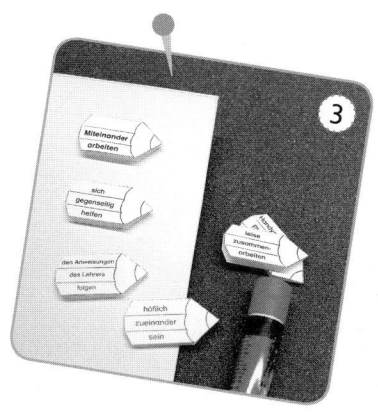

**2.**  **Was ist bei der Arbeit wichtig? Male innen.**

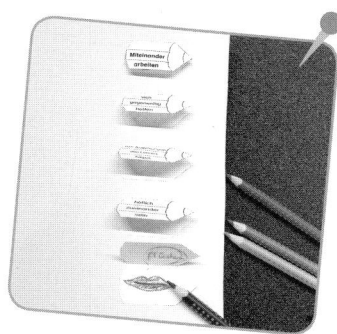

© Auer Verlag

# Miteinander umgehen

## In der Schule sind viele Menschen.
## Wir müssen Rücksicht nehmen.

**1.**  **Bastle die Sechsfachklappe.**

 **Du brauchst:**

Vorlage „Sechsfachklappe"

 **So geht's:**

1  Vorlagen ausschneiden ——— .

2  Klappen falten -------- .

3  Klappen mit der Klebefläche  auf die Klebeflächen kleben.

4  Sechsfachklappe mit der Rückseite auf das Lapbook kleben.

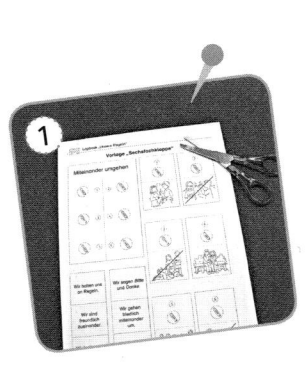  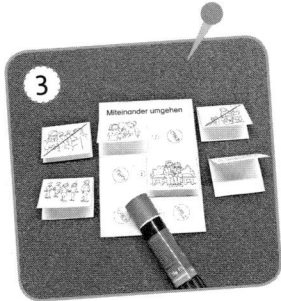 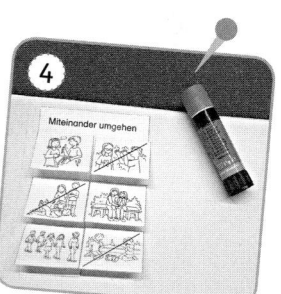

**2.**   **Was findest du wichtig?**
**Überlegt und diskutiert zu zweit.**

**3.**   **Wie verhalten wir uns?**
**Ordne zu und klebe auf.**

Wanda Einstein: Einfache Lapbooks für Erstklässler

# Miteinander Ordnung halten

**In der Schule möchte sich jeder wohlfühlen.**
**Also muss alles seine Ordnung haben.**

**1.**  **Bastle das Stufenbuch.**

 **Du brauchst:**

Vorlage „Stufenbuch"
Heftgerät

 **So geht's:**

1  Vorlagen ausschneiden .

2  Seiten aufeinanderlegen – unten groß und oben klein.

3  Seiten an den Linien 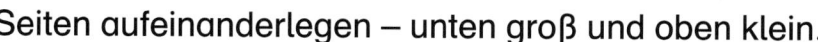 zusammenheften.

4  Stufenbuch mit der Rückseite der letzten Seite auf das Lapbook kleben.

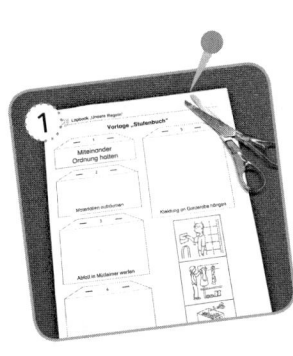   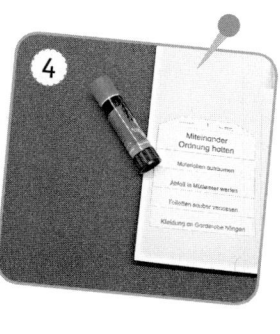

**2.**    **Wie können wir Ordnung halten?**
**Schneide aus, ordne zu und klebe auf.**

**3.**  **Fallen dir noch andere Regeln ein?**
**Erzähle.**

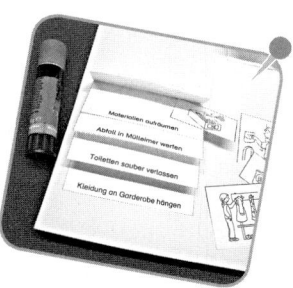

© Auer Verlag

# Miteinander in der Pause

**In der Pause will sich jeder erholen und Spaß haben.**

**1.**  **Bastle die Sternenblume.**

 **Du brauchst:**

Vorlage „Sternenblume mit 8 Zacken"

 **So geht's:**

1 Vorlage ausschneiden ———— .

2 Stern umdrehen und Zacken falten --------- .

3 In die Mitte „Miteinander in der Pause" schreiben.

4 Sternenblume mit der Klebefläche auf das Lapbook kleben.

**2.**  **Was machen die Kinder auf den Bildern? Überlegt zu zweit, wie ihr das findet. Sprecht darüber.**

**3.**      **Was müssen wir in der Pause beachten? Schneide aus, falte, ordne zu und klebe auf.**

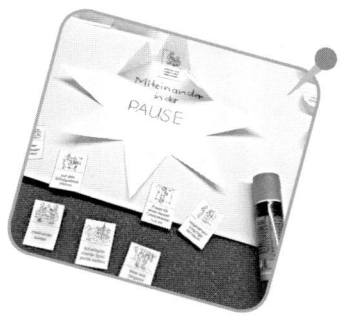

Wanda Einstein: Einfache Lapbooks für Erstklässler

# Die Buchstaben meines Namens

**Welche Buchstaben kommen in deinem Namen vor?**

**1.** Bastle das Daumenkino.

**Du brauchst:**

Vorlage „Daumenkino"
Heftgerät

**So geht's:**

1. Kärtchen ausschneiden ——— .

2. Deckblatt gestalten.

3. Jeden Buchstaben des Namens auf ein eigenes Kärtchen malen.

4. Auf letztes Kärtchen Namen gesamt schreiben.

5. Kärtchen richtig aufeinanderlegen: unten Schlusskärtchen, Buchstaben von hinten nach vorne, oben Deckblatt.

6. Seiten an den Linien ——— zusammenheften.

7. Daumenkino mit der Rückseite des Schlusskärtchens auf das Lapbook kleben.

© Auer Verlag

# Die Vokale

**Die Vokale sind besondere Buchstaben.**

**1.**  **Bastle die Drehscheibe.**

 **Du brauchst:**

Vorlage „Drehscheibe"
Musterklammer

 **So geht's:**

1   Kreise ausschneiden ———.

2   Kleinen Kreis auf großen legen.

3   Loch ○ durch beide Vorlagen stechen.

4   Kreise mit Musterklammer zusammenheften.

5   Großen Kreis mit der Rückseite auf das Lapbook kleben.

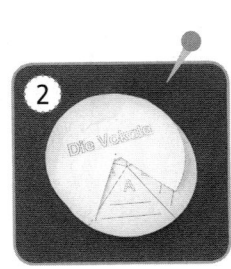
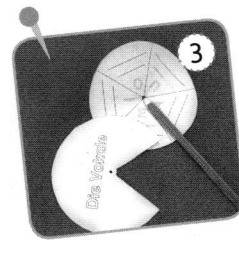

**2.**  **Welche Wörter beginnen mit einem Vokal?**
**Schreibe zwei Wörter auf die Zeilen.**

Wanda Einstein: Einfache Lapbooks für Erstklässler

# Das Abc

**Kennst du das Abc?**

1.  **Bastle das Flip-Flap.**

 **Du brauchst:**

Vorlage „Schmetterlings-Flip-Flap"

 **So geht's:**

1  Vorlage ausschneiden ———.

2  Klappen falten ----------.

3  Dicke schwarze Linien einschneiden ———.

4  Buchstaben in den Farben für Vokale und Konsonanten anmalen.

5 Schmetterlings-Flip-Flap mit der Klebefläche  auf das Lapbook kleben.

    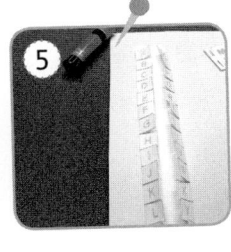

2.    **Welches Bild passt zu welchem Buchstaben? Schneide aus, ordne zu und klebe auf.**

© Auer Verlag

# Die Zahlen von 0 bis 9

**Die Zahlen von 0 bis 9 muss man oft schreiben.**

**1.**  **Bastle das Buch.**

 **Du brauchst:**

Vorlage „Buch"
Heftgerät

 **So geht's:**

1  Vorlagen ausschneiden ——— .

2 Bücher falten ------- und die leeren Rückseiten zusammenkleben.

3 Seiten aufeinanderlegen: | 0 | 9 | – | 2 | 7 | – | 4 | 5 | .

4 Seiten an den Linien ▬▬ zusammenheften.

5 Buch mit der Klebefläche  auf das Lapbook kleben.

**2.**  **Spure die Zahlen im Buch bunt nach.**

**3.**  **Schreibe in die Kästchen die Zahlen als Wörter.**

Wanda Einstein: Einfache Lapbooks für Erstklässler

# Zahlen und Mengen

**Eine Zahl steht für eine bestimmte Menge.**

**1.**  **Bastle die Ziehharmonikas.**

 **Du brauchst:**

Vorlage „Zahlen-Ziehharmonikas"

 **So geht's:**

1 Vorlagen ausschneiden ———— .

2 Vorlagen wie eine Ziehharmonika falten --------- .

3 Ziehharmonikas mit der Klebefläche auf das Lapbook kleben.

**2.**    **Findest du die richtigen Mengen?**
**Schneide aus, ordne zu und klebe auf.**

**3.** **Schreibe die richtige Anzahl an Strichen.** 卌 |||

**4.** **Male die Zahlen an.**

© Auer Verlag

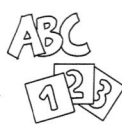
# Ich in Zahlen

**Auch zu dir kann man viele Zahlen finden.**

**1.**  **Bastle das Pop-up.**

**Du brauchst:**

Vorlage „Pop-up"
Foto

**So geht's:**

1  Vorlagen ausschneiden ———.

2 Foto auf Titelseite und Titelseite auf Vorderseite kleben.

3 Pop-up-Klebelaschen falten ----------.

4 Klebelaschen oben und unten auf die Klebeflächen  kleben.

5 Pop-up mit der Unterseite auf das Lapbook kleben.

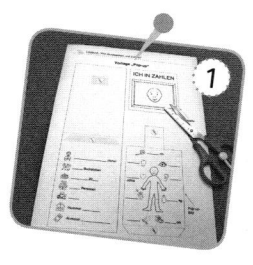

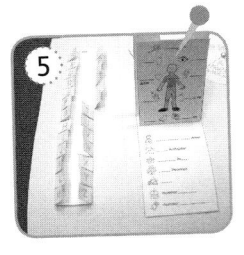

**2.**   **Wie viele ... hast du? Zähle und schreibe auf.**

**3.** **Wie ... bist du? Miss und schreibe auf.**

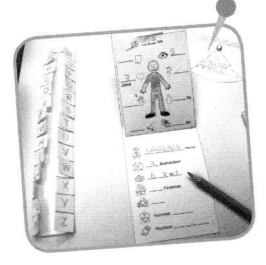

Wanda Einstein: Einfache Lapbooks für Erstklässler

# Darin bin ich gut

## Worin bist du besonders gut?

**1.**  **Bastle die Flügelklappe.**

 **Du brauchst:**

Vorlage „Flügelklappe"

 **So geht's:**

1  Vorlage ausschneiden  .

2  Klappen nach innen falten ------- .

3  Mittlere Klappe mit der Rückseite auf das Lapbook kleben.

**2.**    **In welchem Fach oder Thema warst du erfolgreich? Überlege, male oder schreibe.**

© Auer Verlag

# Daran muss ich noch arbeiten

## Welches Thema fällt du dir noch schwer?

**1.**  **Bastle die Streichholzbriefe.**

**Du brauchst:**

Vorlage „Streichholzbriefe"

**So geht's:**

1  Vorlagen ausschneiden ——————.

2 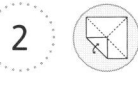 Klappen nach innen falten ----------,
dabei kleinere Klappe über die größere legen.

3  Auf kleine Klappen schwieriges Thema schreiben.

4 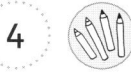  In den Rahmen Beispiel schreiben oder malen.

5  Streichholzbriefe mit der Klebefläche auf das Lapbook
kleben.

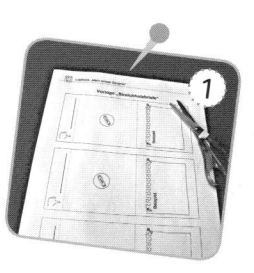    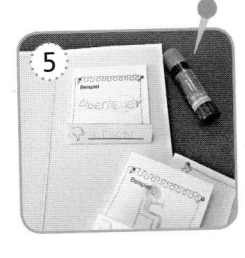

**2.**     **Was kannst du tun, um darin besser zu werden? Überlegt zu zweit, schreibe auf oder male.**

Wanda Einstein: Einfache Lapbooks für Erstklässler

# Das macht mir Spaß

## Was macht dir in der Schule Spaß?

**1.**  **Bastle die Faltblume.**

 **Du brauchst:**

Vorlage „Faltblume"

 **So geht's:**

1. ✂ Vorlage ausschneiden ——— .

2. ◱ Blüten nach innen falten --------- .

3. ✏ 🖊 6 Sachen, die Spaß machen, aufschreiben oder -malen.

4. ✏ ◱ Vorderseite schön gestalten und Blüten der Reihe nach verschließen.

5. 🖊 Blume mit der Rückseite auf das Lapbook kleben.

© Auer Verlag

# Das war mein schönstes Erlebnis

**Was war dieses Jahr besonders schön?**

**1.**  **Bastle das Faltherz.**

 **Du brauchst:**

Vorlage „Faltherz"

 **So geht's:**

1  Vorlage ausschneiden ———— .

2  An der gepunkteten Linie nach innen falten ········· und wieder öffnen.

3  An den gestrichelten Linien nach hinten falten --------- und wieder öffnen.

4  Vorlage umdrehen und an der gepunkteten Linie nach innen schieben ········· .

5  Herz an der Klebefläche  auf das Lapbook kleben.

 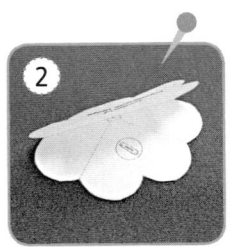   

**2.**   **Woran erinnerst du dich gerne?**
**Male oder schreibe auf.**

Wanda Einstein: Einfache Lapbooks für Erstklässler